Walter Springer · Heinrich R. Lang
Wolfgang Schütz

Tübingen

Die junge alte Universitätsstadt

Friedrich Bahn Verlag

Die Tübinger Neckarfront

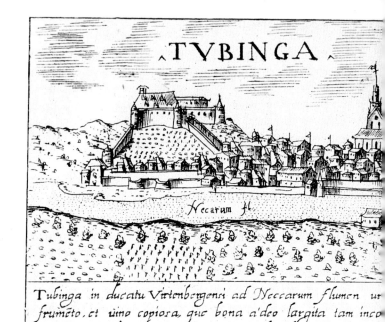

TVBINGA

Necarum fl.

Tubinga in ducatu Virtenbergensi ad Neccarum flumen ut
frumēto, et vino copiosa, que bona a'deo largita tam inco
terminis populis comunicat, utrangue in lapide ponte neccari
mente rei litterariæ, ac universitate conspicua.

Walter Springer

Tübingen – Geschichte und Geschichten

Tubinga. Stadtansicht von Süden (1572)

Tübingen: Neckar, ein Turm hinter Trauerweiden, ein Schwan, am Ufer schlanke Kähne, im Fluß das Spiegelbild. Was für Pisa der Schiefe Turm, für Athen die Akropolis, ist für Tübingen die Neckarfront. Die Dichter haben sie besungen, die Maler gemalt, und fast jeder kennt das Bild, selbst der, der noch nie hier war. Tübingen. Die junge alte Stadt, die im Rhythmus der Semester sich verjüngt. Die Stadt, wo man in uralten Mauern darüber grübelt, »was die Welt im Innersten zusammenhält«, und wo in modernsten Labors an der Welt von morgen gearbeitet wird.

Doch nicht nur Universität ist diese Stadt. Lange vor der Gründung der »Hohen Schul« gab es hier Leben, eine stattliche Burg mit Pfalzgrafen, einen reichen Ort mit Klöstern und Kirchen, in dem Handel und Handwerk blühten. Und bereits 1749 findet sich im »Courieusen Antiquarius«, einem Reiseführer und Urahnen des vorliegenden Büchleins folgender Eintrag:

»Tubinga, eine kleine aber feste und berühmte Stadt am Neckar, hat eine evangelische Universität, herrliches Schloß und ein schönes Collegium Illustre, ... das prächtige Schloß liegt auf dem höchsten Ort und wird Hohen Tübingen genennet.«

Bis heute hat sich nichts daran geändert, und das ist seine weitere Besonderheit: Tübingen hat sein historisches Gesicht bewahren können. Vom Kriege blieb es verschont, der Abrißwut und Neuerungssucht der Nachkriegsjahre stand es stets kritisch gegenüber – und das nicht zuletzt dank einer wachen Bürgerschaft. Und doch, bei aller Begeisterung für das Alte hat man das Neue nie aus den Augen verloren.

Denn, und Zimmerleute haben es mahnend auf dem Balken eines neuaufgebauten Fachwerkhauses eingekerbt: »Heut den d'r's Alte schätze, was den d'r morge schwätze?« (Heute schätzt ihr das Alte, doch was sagt ihr morgen?)

Hölderlinturm mit Stiftskirche und Alter Aula

Stocherkahnfahrt auf dem Neckar

Man beginne den Rundgang – und nicht nur die Dichter haben es empfohlen – auf der Platanenallee: mit einem Blick auf die Neckarfront, auf die sich türmenden Giebel der »wohlhäbigen« Bürgerhäuser, auf Schloß, Stift, Burse, Aula, auf Hölderlins Turm und die Stiftskirche. Mit diesem Blick breitet sich die ganze Geschichte vor dem Betrachter aus.

Chronologisches

Im Dunkel der Geschichte liegen die Ursprünge der Stadt, und die Archäologen staunen über ihre Funde. Von römischen Straßen, von Alemannen ist die Rede, von Pilgern und Herbergen und einer Furt über den Neckar. Erst 1078, schwarz auf weiß, taucht Tübingen in einer Urkunde auf: Die Heere Heinrichs IV. versuchten, eine Burg einzunehmen, das »castrum twingia«. Vergeblich! Sie muß also damals schon eine gut befestigte Anlage gewesen sein, die Tübinger Burg, wie es sich für die Verwandtschaft der Staufer gehörte. Mit ihren mächtigen Türmen war sie weithin sichtbar, und in ihrem Schutz siedelten Handwerker und Weinbauern.

Rund 400 Jahre später, 15 Jahre vor der Entdeckung Amerikas, beschließt der junge Graf Eberhard, eine »Hohe Schul« zu gründen, um »zu graben den Brunnen des Lebens«. Er gibt der Stadt ihre unverwechselbare Note: die Universität.

Platanenallee

Am Holzmarkt

Und heute? Man zählt rund 75 000 Einwohner, an der Universität sind etwa 25 000 Studenten immatrikuliert. Irgendwie hat hier jeder mit der Universität zu tun. Ein emsiges Treiben herrscht zwischen Hörsälen und Labors, zwischen Theater und Konzerten, Ausstellungen und Kinos. Man stöbert in Antiquariaten und Buchhandlungen, trifft sich zum Plaudern auf dem Wochenmarkt und abends in Weinstuben und Kneipen. Man redet, diskutiert und streitet: Nirgends so viele Meinungen, Initiativen, Gruppen, Vereine. Ihre Stimmen füllen die Leserbriefseiten der Lokalzeitung: Das ist Tübingen!

Alte Aula

Hölderlin

Wir überqueren den Fluß und erreichen den Hölderlinturm. Direkt an der Stadtmauer liegt das Haus des Schreinermeisters Ernst Zimmer. 1807 hatte er den »armen Hölderle« bei sich aufgenommen. Seitdem ist der Ort zu einer Pilgerstätte für Literaten und Verehrer des Dichters geworden. Zwei Abschnitte seines Lebens hat er in Tübingen verbracht: als »Stiftler« von 1788–93 und als »Pflegefall« von 1807 bis zum Tode 1843.

Im Klinikum, der alten Burse, versuchten Professor Autenrieth und sein Assistent Justinus Kerner den kranken Dichter von seinem »Wahnsinn« zu befreien, mit kalten Bädern, Ledermasken und Tollkirsche. Dann gaben sie ihn zu Zimmer in die Pflege. »S'isch a gar guter Gesell in meinem Haus. Er kann sei vieles Wisse gar net richtig los werde. So sitzt er manchmal am Spinett und musiziert vier Stunde lang«, berichtete der philosophische Schreinermeister über Hölderlin, den das Land der Griechen mit der Seele suchenden Dichter.

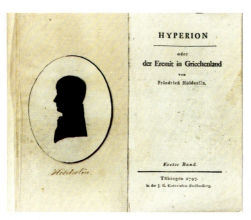

Erstausgabe von Hölderlins Roman »Hyperion«

»Die Hohe Schul«

Die Burse gehört, wie die Alte Aula, zu den ersten Universitätsgebäuden und liegt nur wenige Schritte vom Turm entfernt.

Papst Sixtus IV. hatte 1477 Graf Eberhard die Erlaubnis gegeben, eine »Hohe Schul« in Tübingen zu gründen.

Sie war zwar nicht die erste im deutschen Süden, einmalig aber war, daß ein Mann, der nicht dem hohen Adel angehörte, ein Graf, eine Universität gründete. Einige geschickte taktische Manöver waren noch nötig, um die Hochschule auf ein gesundes finanzielles Fundament zu stellen, ein Problem, das sich gerade heute der Universitätsleitung und den Studenten dringender denn je stellt.

Graf Eberhard verlegte das Sindelfinger Chorherrenstift, eine Männergemeinschaft nichterbberechtigter Adliger, nach Tübingen und mit ihnen die reichen Pfründe und Gelder.

Mit 250 Studenten begann der Lehrbetrieb, heute sind 25 000 daraus geworden. Den heutigen 16 Fachbereichen stehen nur vier Fakultäten des Mittelalters gegenüber: Artisten, Juristen, Mediziner und Theologen. Die Artisten waren in der Burse untergebracht. Sie übten freilich nicht Seiltanzen über den Neckar, sondern die Sieben Freien Künste, eine Grundausbildung, die sich mit dem heutigen Gymnasium vergleichen läßt. Danach konnten sie wechseln: zur Juristerei oder zur Medizin, welche sich damals allerdings weniger mit den Kranken als mit der Theorie beschäftigte. Zahnbrechen und Beulenschneiden überließ man den Fallscherern und Badern auf den Jahrmärkten. Die ranghöchste Fakultät aber war die theologische, und das Ziel aller Studien war Gott.

Die Universität verfügte über eine eigene Gerichtsbarkeit sowie Abgabenordnung und war damit von der Stadt unabhängig: eine kleine Stadt in der Stadt, mit privilegierten »cives academici«. Kein Wunder, daß die Tübinger Weinbauern und Handwerker sich über das plötzliche Auftauchen der »Herren« ärgerten, die sie zudem noch ehrerbietig zu grüßen hatten.

Die Spannung zwischen Universität und Stadt hat sich bis heute erhalten.

Studentische Geselligkeit im 19. Jahrhundert

Von Burse und Burschen

Das Leben des mittelalterlichen Studenten läßt sich mit dem seiner heutigen Kommilitonen nicht vergleichen. Voraussetzung waren perfekte Kenntnisse der damaligen Weltsprache Latein. Dann wurde der meist erst 13jährige »studiosus« zugelassen. Seiner Immatrikulation gingen noch einige grobe Späße voraus, der Depositionsakt: Dem »studiosus in spe« wurden symbolisch die Hörner des Ungebildeten abgesägt. Dazu bekam er eine Maske aufgesetzt, an der der »depositor« so lange herumschnitt und herumsägte, bis aus dem ungelehrten Monstrum ein ordentlicher junger Mensch geworden war. Der arme, eingeschüchterte Kerl wurde schließlich in ein Wasserfaß getaucht und mußte zu guter Letzt seinen Peinigern noch einen »Schmaus« zahlen. Jetzt erst war er in die Gemeinschaft der »bursales« oder Burschen aufgenommen und bekam in der Burse ein Bett zugewiesen.

Die Burse, eine soziale Einrichtung – ihr Name erinnert an die Börse und damit an das Stipendium – war Wohnheim, Mensa und Vorlesungsgebäude zugleich. Morgens um fünf, im Winter um sechs wurde aufgestanden. »Lupus«, der Aufpasser, wachte darüber, daß im Hause nur lateinisch gesprochen wurde. Er kümmerte sich um die Einhaltung der Vorschriften und bestrafte die Missetäter.

Denn diese, so zeigen alte Urkunden, gab es auch damals schon zuhauf. Viele der jungen »studiosi« konnten sich einfach nicht an die strenge Kleiderordnung gewöhnen und zogen es vor, statt der vorgeschriebenen mönchsähnlichen Kluft die da-

mals modische, bunte Landsknechtskleidung zu tragen, wie sie auf dem Altarbild der Stiftskirche zu sehen ist.

Hart waren die Strafen, lang die Listen der Vergehen. Selbst tätliche Angriffe auf die Professoren blieben keine Ausnahme. Dafür mußten die aufmüpfigen Studenten bei Wasser und Brot im Karzer »schwitzen«, Geldstrafen bezahlen oder sie wurden ganz aus der Stadt verwiesen.

Die Professoren führten ein bescheidenes Dasein, und viele betrieben, um ihr ehedem schmales Salär etwas aufzubessern, Schankstuben oder Heimdruckereien in ihren Wohnungen.

»Plenus venter, non studet libenter«

»Voller Bauch studiert nicht gern.« Doch ein knurrender Magen ist für Gedankenarbeit genauso wenig förderlich. Rund 10 000 Mittagessen gibt die Mensa heute aus, und der größte Suppentopf faßt 600 Liter. Bedeutend kleiner waren die Töpfe in der Burse. Immerhin 200 Studenten wollten hier verpflegt sein. Zum Mittagsmahl gab es einst für jeden Studenten einen Liter Tischwein. Ob nachmittags noch ernsthaft weiterstudiert wurde, läßt sich allerdings aus den Dokumenten nicht ersehen. Die Tradition des Tischweins hat sich im Weinbaugebiet Tübingen bis ins 19. Jahrhundert erhalten. Für die reichen Studenten der Adelsakademie, dem »Collegium Illustre«, gab es sogar »genug Wein bis daß der Durst gelöschet«. Ihre Speisenliste liest sich wie die Menükarte eines Dreisterne-Restaurants. Aber schließlich mußten sich die noblen Herren auch von anstrengenden körperlichen

Grisaille-Darstellungen im ehemaligen Studentenkarzer

Übungen wie Tanzen, Ballspielen, Fechten und Reiten erholen.

Eine prominente Klage über die dürftige Qualität des Essens kommt indes aus dem benachbarten Evangelischen Stift. Von einer Suppe, so dünn, daß »da drei Gerstenkörner ainander jagen«, berichtet Georg Wilhelm Friedrich Hegel, Zimmergenosse von Friedrich Hölderlin und Friedrich Wilhelm Schelling. Dieses Dreigestirn freilich studierte in einer Zeit, in der die Stiftler freiheitsliebend, radikal gegen die alten Ordnungen, »wider den Tyrannengeist«, sich erhoben und die Schriften der Jakobiner dem Jakobusbrief vorzogen: die Zeit der Französischen Revolution. Die Geschichte des Stifts beginnt allerdings schon etwa ein halbes Jahrtausend vorher:

Von den ehemals vier Klöstern in der 3000-Seelen-Stadt Tübingen sind außer dem Stift heute nur noch »der Nunnen Haus« am Ammerkanal und das Wilhelmstift erhalten. In bester Lage am Südhang des Neckars, vor den Stadtmauern, hatten 1262 die Augustinereremiten ein wohlhabendes Kloster gegründet. In diesem waren die Zustände gegen Ende des 15. Jahrhunderts jedoch so katastrophal geworden, daß sich Graf Eberhard gezwungen sah, Mönche wegen ausschweifenden Lebens unter Hausarrest stellen zu lassen. Überall in Europa wurde der Ruf nach einer Reform der Kirche »an Haupt und Gliedern« laut. Herzog Ulrich, der Nachfolger des Universitätsgründers, schloß sich dieser Bewegung an. Nicht nur, daß ihn Luthers Schriften überzeugt hatten, auch der Gedanke an die vielen kostbaren Kirchenschätze schien

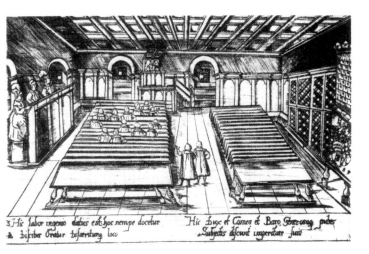

Hörsaal des Collegium Illustre (1606–1608)

ihm verlockend. Zumal er durch immense Ausgaben für Schloßbau und Söldner ein hochverschuldeter Mann gewesen war. So wurde ab 1534 in Württemberg die Reformation durchgeführt, ein langwieriger Prozeß, der den mittelalterlichen Menschen in seiner Glaubenswelt tief erschütterte. Die reformunwilligen Staatsdiener und Pfarrer wurden entlassen, oder sie flohen ins Ausland. Das katholische Vorderösterreich lag ja nur sechs Kilometer entfernt neckaraufwärts.

Die Folge: Ein großer Bedarf an reformatorischen Geistlichen. Und das war die Geburtsstunde des Evangelischen Stifts.

Schwäbischer Olymp und württembergische Pfarrerschmiede: das Evangelische Stift

Im aufgelösten Augustinerkloster wurde ein Stipendium, ein Stift eingerichtet zur unentgeltlichen Ausbildung von Pfarrern, inklusive Unterkunft und Verpflegung, Studienbegleitung und Taschengeld sowie der Möglichkeit, ein Musikinstrument zu erlernen. Seit Luther mußte ein Pfarrer musikalisch sein. Und doch ist es erstaunlich, daß aus Stiftsmauern noch nie ein großer Komponist oder Musiker hervorgekommen ist.

Nicht jeder konnte und kann Stiftler werden, das Landexamen, der »concours«, sorgt seit jeher für harte Auswahl. Die Ordnung im Haus war streng aufgebaut und hierarchisch durchorganisiert: Das Sagen hatte der »magister domus« oder Ephorus, assistiert von den zwei Superattendenten. Repetenten betreuten die Stiftler bei ihren Studien. Für das leibliche Wohl der Stiftler waren die Hausdiener oder »famuli« zuständig. Den mittelalterlichen Charakter haben Burse und Stift längst verloren. In der Zeit des Klassizismus wurde das Fachwerk übertüncht und mit zeittypischem Altrosa und Hellgrün überstrichen.

Die Liste berühmter Stiftsköpfe ist lang, und König Wilhelm II. hat es am treffendsten gesagt: »Man muß Stiftler gewesen sein um innerhalb, und aus dem Stift geflogen sein, um außerhalb des Landes Karriere zu machen.«

Karriere gemacht haben: die Astronomen Michael Mästlin und Johannes Kepler, der Botaniker Leonhard Fuchs, der Philosoph Georg Wilhelm Friedrich Hegel, der Diplomat Karl Friedrich Reinhardt, die Dichter Gustav Schwab, Wilhelm Hauff und Eduard Mörike. Verwarnt wurden: Fried-

Evangelisches Stift

Gedenktafel für Philipp Melanchthon an der Burse

Innenhof des Evangelischen Stifts

rich Wilhelm Schelling – vom Herzog persönlich – sowie Friedrich Hölderlin und Wilhelm Waiblinger.

Geflogen sind: Der Vormärzler Georg Herwegh und der Verfasser des »Leben Jesu«, David Friedrich Strauß. Friedrich Silcher bemühte sich als erster Universitätsmusikdirektor sehr um die Pflege der Musik im Stift. Übrigens: seit 1970 gibt es auch Stiftlerinnen. Sie sind heute bereits in der Überzahl.

Auch die Burse geizt nicht mit großen Namen: Johannes Reuchlin, der Humanist und »uomo universale«; Philipp Melanchthon, die rechte Hand Luthers; Wilhelm Schickard, ein ehemaliger Stiftler, der bereits 1623 die erste mechanische Rechenmaschine erfand. Bis hin zu dem Philosophen Ernst Bloch reicht diese Liste enzyklopädisch gebildeter großer Denker.

»Alles bucklig, bergig, krumm«

Ein Streifzug durch Tübingen ist ein sportliches Ereignis: Wir erklimmen die Burgsteige.

Am Fuß ein Platz, an dem fünf Straßen sich treffen: das Faule Eck. Hier, so erzählt der Volksmund, fanden die typischen Begegnungen der Tübinger Art statt. Studenten tummelten sich in den Pausen, diskutierend und geistig arbeitend, während der andere Teil der Tübinger Bevölkerung, der nichtakademische, die »Gôgen«, den Platz überqueren mußten, um zur beschwerlichen Arbeit in die Weinberge zu gelangen. Kein Wunder, daß die schuftenden Unterstädter die Studenten als »faules Pack« bezeichneten.

Kein Mensch kann genau sagen, woher diese Bezeichnung kommt. Eine hochoffizielle Charakterisierung dieser Weinbauern finden wir in einer Oberamtsbeschreibung von 1867: »Der Tübinger Weingärtner ist bekanntlich ein ens sui generis und als solcher nicht wohl definierbar. Von ausnehmend zähem Stoffe leistet er in der Arbeit Außergewöhnliches und repräsentiert nahezu eine mittlere Pferdekraft, ermangelt dafür aber aller jener Gefühle, welche man unter dem Begriff Pietät zusammenfaßt...« Doch weiter zum Schloß. Die Burgsteige zählt zu den ältesten Straßen Tübingens. Im Schutze der mittelalterlichen Burg hatte sich hier der Burgweiler niedergelassen: Hafner, Seiler, Zimmerleute und Schmiede, die die Burg mit ihren Erzeugnissen belieferten und dem Pfalzgrafen die Rüstung reparierten, wenn mal was klemmte.

Am Ende der Burgsteige ein mächtiges Bollwerk:

Apropos Gôgen

1607 nach Plänen von Landesbaumeister Heinrich Schickhardt erbaut, von Christoph Yelin, einem Steinmetz aus Schwäbisch Gmünd, ausgeführt, zählt es zu den schönsten Renaissanceportalen im Land. In ehedem modernster Form, im Stile eines Triumphbogens, wird es durch das württembergische Wappen bekrönt. Die Insignien des Hosenbandordens, »Honi soit qui mal y pense« (Ein Schelm, wer Schlimmes dabei denkt.), umrahmen das Wappen. Dieser Orden war der ganze Stolz des Erbauers Herzog Friedrich I. Zehn Jahre hatte er darauf warten müssen. Doch schon fünf Jahre vor der Verleihung ließ er sich als

Das untere Schloßportal

Unteres Schloßportal um 1850

Ordensträger in Öl abbilden. »Honi soit qui mal y pense.«

Vom Portal richten zwei Landsknechte, in ehedem modernster Tudorkleidung, Hakkenbüchse und Zweihandschwert – den Gassenhauer – bedrohlich auf den Eintretenden. Zwischen Rollwerkornamenten und mythologischen Szenen findet sich im Relief eine komplette Darstellung von Kriegshandwerkszeug aus dem frühen 17. Jahrhundert.

Wir lassen uns nicht abschrecken und erreichen:

Das Schloß Hohentübingen

Das Schloß Hohentübingen

Am Anfang des 16. Jahrhunderts faßte Ulrich den Beschluß, die alte Burg abzureißen. Sie war altmodisch geworden und entsprach auch wehrtechnisch nicht mehr dem neuesten Stand. Ein Schloß in »modernster welscher Manier«, eine Vierflügelanlage mit Rundtürmen an den Ecken, war sein Wunsch, so wie er es im Exil in Frankreich gesehen hatte. Mit einem großen Innenhof mit umlaufender Galerie, von der die adeligen Damen damals Turnierübungen beobachteten und junge Musikfreunde heute Jazzkonzerten lauschen.

»Aber die Steine sind ja nur aufgemalt, und das Fachwerk, hätte man das nicht schön braun streichen können?« kritisiert ein Besucher die Restaurierung. Nein. Denn das Bruchsteinmauerwerk, das wir heute gern als »das Alte« bewundern, entsprach eben nicht dem Zeitgeschmack der Renaissance. Das aufgemalte Mauerwerk, die Fugenmalerei, war damals modern. Auch hätten sich die hohen Herren nicht mit einem braunen Armeleutefachwerk zufrieden gegeben. Da mußte es schon etwas Kostbares sein: leuchtendes Ocker mit Begleitstrichmalereien.

Aber auch dieses einst moderne Schloß wurde altmodisch, und 1816 übergaben die Württemberger das Gebäude der Universität. Die richtete sich praktisch hier ein: Im Rittersaal die Bibliothek, in der Schloßküche das Chemische Laboratorium und im Turm die Sternwarte. Heute sind einige Universitätsinstitute im Schloß untergebracht, und die Schloßkapelle dient als »Evangelische Predigeranstalt«.

Man merkt es an der Höhe der Mauern:

Die Bastion des Schlosses war nicht als Aussichtsplattform geplant, sie ist eine barocke Befestigungsanlage. Von hier zuerst ein Blick auf die mächtigen Kolosse der Universitätskliniken: ein Bilderbuch der jüngeren Architekturgeschichte, die Antiquitäten von übermorgen. Jeder Bau Ausdruck seiner Zeit: von den Stilreminiszenzen des Historismus über die Verspieltheit des Jugendstils zum strengen Neoklassizismus, vom zurückhaltend eleganten Bauhausstil bis zu den zweckbetonten Fassaden der sechziger Jahre.

Waldhäuser Ost mit baubiologischer Siedlung Schafbrühl

Am Horizont türmen sich die kühlen Blöcke der Trabantenstadt Waldhäuser Ost, der das ökologische Musterdorf Schafbrühl anheimelnd zu antworten versucht.

Zu Füßen aber liegt die Unterstadt, das Quartier der Gôgen, von Gast Goethe einst gemieden, denn »es ist äußerst schlecht und bloß nothdürftig gebaut, und die Straßen sind von dem vielen Mist äußerst unsauber.« Heute präsentiert es sich uns freundlicher. Der Mist ist aus den Straßen verschwunden. Wege am Wasser laden ein zum Spaziergang durch enge Winkel und lauschige Plätze. Doch nicht nur äußerlich ist die Altstadt jung geblieben, seit 1963 kümmert sich das Sonderamt für Altstadtsanierung darum, das Leben in diesen Mauern zu erhalten: Wie seit eh und je wird hier gewohnt und gearbeitet, verkauft und gekauft, studiert und promeniert.

Die Mannen des Tubo

Vor rund 1200 Jahren hatten sich hier die Mannen des Tuo oder Tubo, eines alemannischen Sippenältesten, niedergelassen, und ihre Siedlung Tuoingen genannt. Im Hochmittelalter war daraus eine prosperierende Stadt geworden. Nach einem Stadtbrand um 1280, dem rund 300 Häuser zum Opfer fielen, erweiterte man die Stadtmauern und legte mit Hilfe von Spezialisten aus dem benachbarten Kloster Bebenhausen den Ammerkanal an, als Abwasserkanal und Energieversorgung der Tübinger Handwerker. Vierzehn Mühlen machten die Kraft des Wassers zum Gerben, Schmieden, Walken, Stoßen und Schlagen nutzbar.

Die Brücke zu Tübingen um 1735 (Kupferstich nach Merian)

Bruderschaften, Zünfte und Gewerbeordnungen regelten das Handwerk bis ins kleinste Detail. Zum Beispiel die Bäckerordnung von 1530: Ein Heer von Beschauern wachte darüber, daß die Weiß- und Schwarz-, Süß- und Sauer-, Haus-, Feil- und Pistazienbäcker die strengen Bestimmungen und vor allem die stadteigenen Maße und Gewichte einhielten. Die Wachen an den Stadttoren hatten die Anweisung, nur an bestimmten Markttagen ortsfremde Bäcker in die Stadt zu lassen. Von Brotboutiquen und Brotfabriken ahnte man noch nichts.

Von Wengert, Wein und wilden Festen

Die Mehrzahl der Bewohner aber lebte vom Weinbau. Noch heute sind die alten Kulturlandschaften, die Wengert, erkennbar. Er hatte nicht den besten Ruf, der Tübinger Wein, sauer soll er gewesen sein, aber selbst für Herzog Ulrich immer noch gut genug, um sich ein 85 000-Liter-Faß im Keller des Schlosses zu füllen. Außerdem exportierten die Tübinger Gôgen bis nach Bayern und in die Schweiz. Nach dem dritten Glas fängt er erst richtig zu schmekken an, behaupten die Kenner des Tropfens, der in Tübinger Weinstuben und Wirtschaften noch heute ausgeschenkt wird.

War der Wein erst einmal gekeltert, wurden wilde Feste gefeiert, und das nicht nur zu Ehren von St. Urban, dem Schutzpatron der Weingärtner. Die bacchantischen Umzüge und Orgien waren heidnischen Ursprungs. So macht auch das »Rebmännle« an der Südostecke des Rathauses keinen ausgesprochen frommen Eindruck.

Getrunken, das steht fest, hat man viel in diesen Zeiten, nicht nur die Bürger, Bauern und Studenten. Bei Graf Eberhards Hochzeit in Urach wurden immerhin 120 000 Liter Wein ausgeschenkt.

Im Zentrum der Gôgei, der Altstadt, liegt die Jakobuskirche, ein schlichtes spätgotisches Kirchlein, an dessen Stelle schon ein romanischer Vorgängerbau stand. Sie war vermutlich eine Pilgerkapelle, gelegen an einer jener Zubringerstraßen, die zu den großen Pilgerwegen nach Santiago de Compostella führte. Ein weiteres markantes Gebäude ist die Herzogliche Fruchtschranne, ein großer Bau mit alemannischem Fachwerk und großen, liegenden Dachgaupen, die, früher offen, das Trocknen der Frucht erleichterten.

Rund 3000 Personen lebten in dieser Stadt. Zuweilen reduzierte sich die Zahl durch Stadtbrände und Pest auf die Hälfte.

Rebmännle (Bacchantin) am Rathaus

Tübingen aus der Vogelschau (um 1865)

Auch Mißernten und Hungersnöte sorgten für Unruhen und Aufstände, die, wie die Brotkrawalle im 19. Jahrhundert, mit Hilfe von studentischen Sicherheitstruppen oft blutig niedergeschlagen wurden. Überhaupt standen die Gôgen mit den »Herren« meist auf Kriegsfuß. Und eines Tages begannen die Gôgen mit Bauernschläue auf die ach so klugen Universitätsherren zu reagieren: Der Platz auf der Bastion, hoch über den Dächern der Altstadt, eignet sich, wenn man will, hervorragend zum Erzählen von Gôgenwitzen.

Es gibt jedoch auch wahre Begebenheiten aus der Geschichte, die den Charakter dieses Völkchens verdeutlichen können: Zum Beispiel 1848. Unruhen in deutschen Landen. Selbst Tübingen wird davon ergriffen. Die Obrigkeit greift zu einer bewährten Methode. Ein drohender äußerer Feind soll die Wirrköpfe zur Raison bringen. Das Gerücht war schnell verbreitet: Die Franzosen, von jeher gefürchtet – sie hatten 1688 schon Sprengsätze gelegt, um Tübingen in die Luft zu jagen, und nur ein Professor namens Osiander konnte es verhindern – diese Franzosen also, stehen schon wieder vor Rottenburg, und nur noch wenige Tage bis... Schnell bewaffneten sich die Herren Professoren samt Studenten und zogen gen Rottenburg, um den Feind zu suchen. Die Tübinger Gôgen aber mißtrauten der Sache von vornherein. Sie faßten den vernünftigen Beschluß, erst ihre Weinvorräte auszutrinken, auf daß diese den Feinden nicht in die Hände fielen.

Doch diese Zeiten sind längst vorbei, die Stadtmauern wurden 1823 abgerissen, als die Stadt aus den Nähten zu platzen drohte. Die Universität zog mit dem majestätischen Bau der Neuen Aula im Osten erstmalig aus den alten Stadtgrenzen, um sich fortan langsam über die gesamte Stadt zu verbreiten. Württemberg war mittlerweile Königreich geworden, und seine Herrscher residierten gern in Bebenhausen, um in dem alten Reichsforst Schönbuch Hirsche zu jagen.

In Tübingen begann man, das altmodische Fachwerk zu verputzen, legte jenseits des Neckars prächtige Alleen an und einen Park mit Denkmälern. Hinzu kam 1926 die Nymphengruppe des Stuttgarter Bildhauers Johann Heinrich von Dannecker.

1861 endlich, mit dem Bau der Eisenbahn und einem herrlichen Bahnhof im schwäbisch-paladianischen Freistil, wird Tübingen zur Weltstadt:

Anlagensee mit Nymphengruppe von Johann Heinrich Dannecker

»Du alte Pfalz, erzittern nicht die Quadern,
durchglüht nicht neues Leben deine Adern,
siehst du durchs Tal das Dampfroß schnaubend fliegen,
die Wagen sturmbeschwingt in langen Zügen?
Nun kehren Tausend gastlich bei dir ein,
die Straßen wimmeln von dem Weltverkehre,
die Stadt nimmt zu an Reichtum, Ruhm und Ehre.
Und selbst der Fürst wird gern ihr Gast jetzt sein.«

So schreibt in jenem Jahr ein anonymer Dichter überschwenglich in der »Tübinger Chronik«. Wir wissen jetzt also, wo wir hier sind, und setzen unseren Weg fort, hinab zum Markt und Rathaus.

Nicht immer wirkte dieser Platz so malerisch, und so beschwert sich Victor Hehn, ein Kunstsachverständiger, 1838 in einem Brief: »Sogar auf dem sogenannten Markt hängen Bettkissen und Wäsche zum Lüften und Trocknen zu den Fenstern hinaus... die Straßen stinken. Vieh blökt, schnattert und gluckt auf ihnen umher: Gänse, Schweine, Hühner, Ochsen und Pferde saufen aus öffentlichen Wassertrögen... – so ist Tübingen.«

So war Tübingen vielleicht 1838. Heute sieht der Marktplatz anders aus: Zum Beispiel an Markttagen, wenn sich der Platz mit frischen Farben und einem Duft von Gemüse und Obst füllt, wenn ein zerstreuter Professor bei einem schwäbischen »Marktweible« einen Salatkopf einkaufen

Mittelpunkt der Stadt: Marktplatz und Rathaus

Wochenmarkt

will. Oder in lauen Sommernächten, wenn sich der Platz bis spät in die Nacht in eine italienische Piazza, ein Freilufttheater oder eine Konzertbühne verwandelt.

Beherrscht wird der Platz von Neptun, der nach Bologneser Vorbild den Marktbrunnen krönt. Heinrich Schickhardt, der schwäbische Landesbaumeister, entwarf ihn 1617 im damals topmodischen Stil des Manierismus. Ursprünglich aus Stein, wurde er 1947 durch eine Kopie aus Metall ersetzt. Seitdem umringen vier Quellnymphen den einst einsamen Meeresgott.

»Haste mal 'ne Mark?« Keine Angst. Die bettelnden Gesellen und »Penner« hat es schon immer hier gegeben. Wie in jeder anderen Stadt. Stadtvogt Konrad Breuning (er schaut uns an vom zweiten Stock des Rathauses links) weiß das genau. Er hat bereits im Jahr 1500 eine Bettelordnung ausgearbeitet.

An jedem Donnerstag fuhr ein Karren von Haus zu Haus, um Lebensmittel zu sammeln. Die wurden vor dem Rathaus an die Bedürftigen und Armen verteilt. Bei Wein und Würfelspiel durften sich die Bettler allerdings nicht in der Öffentlichkeit sehen lassen.

Die mächtigen, mit kunstvollen Konsolfiguren geschmückten Häuser lassen es ahnen: Um den Marktplatz war das Wohngebiet der reichen Bürger, der »Ehrbarkeit«. Es war jene Schicht, die aufgrund eines Jahreseinkommens von mindestens 1000 Gulden in der Lage war, die »Ehre« zu tragen. Über die Hälfte der Tübinger Bevölkerung mußte sich mit 50 Gulden begnügen. Diese Ehrbarkeit war am Anfang des

16. Jahrhunderts so mächtig geworden, daß Herzog Ulrich, ernsthaft um seine Macht in Sorge, einen ihrer exponiertesten Vertreter, Stadtvogt Konrad Breuning, gefangennehmen und grausam hinrichten ließ. Und dies, obwohl Ulrich einige Jahre zuvor, 1514, die erste Menschenrechtserklärung auf dem europäischen Festland, den Tübinger Vertrag, unterzeichnet hatte.

Das Rathaus ist das dominierende Gebäude auf dem Tübinger Marktplatz. Von jeder Seite zeigt es ein anderes Gesicht:

Rathaus

Von der Rückseite ein prächtiges alemannisches Fachwerk mit dicken Eichenbalken und dem typischen schwäbischen Männle; von der Querseite eine manieristische Bemalung mit Scheinarchitekturen und Blumenfries und schließlich die Marktseite mit einer Bemalung aus dem 19. Jahrhundert, die sich bemüht, die ganze Stadtgeschichte auf einmal darzustellen.

Beginnen wir von oben: Unter einem prächtig geschwungenen barocken Giebel stützen die Allegorien von Tag und Nacht eine astronomische Uhr. Seit 1511 zeigt sie unbeirrt den Gang des Gestirns präzise und zuverlässig und das, obwohl ihr Erbauer, der Tübinger Mathematicus und Astronom Professor Johannes Stöffler sich bei der Voraussage eines Weltuntergangs für den 25. Februar 1524 gehörig verrechnet hatte. Unterhalb der astronomischen befindet sich die Stundenuhr, deren Uhrwerk in typisch schwäbischer Sparsamkeit noch weitere Zifferblätter im Hause antreibt. Ihre Installation war die Geburtsstunde der Pünktlichkeit in Tübingen.

Flankiert wird sie vom Stadtwappen, dem roten Dreilatz und dem Wappen des württembergischen Königreichs. Darunter thront er, der Wohltäter und Universitätsgründer, ein frischgebackener Herzog, mit Ernennungsurkunde und Prunkschwert stolz in der Hand: Eberhard im Bart.

Im zweiten Stock, unterhalb der bleiverglasten Butzenscheiben, eine Galerie berühmter Tübinger Bürger, die auch von links nach rechts betrachtet eine Geschichte der europäischen Frisurenmode darstellt: der mittelalterliche Stadtvogt Konrad Breu-

ning, gefolgt vom Stadtretter Johannes Osiander mit barocker Perücke, dann mit klassizistischen Locken Jakob Heinrich Dann und Ludwig Huber, unerschrockene Kämpfer gegen Herrscherwillkür; schon moderner Johann Friedrich Cotta, Verleger von Goethe und Schiller, und schließlich (»Droben stehet die Kapelle...«) Ludwig Uhland, Politiker, Professor, Poet und Paulskirchenvertreter, ein bedeutender Sohn der Stadt.

Die astronomische Uhr am Rathaus

Die Kanzel im ersten Stock mußte im Laufe der Geschichte schon viele Aufgaben übernehmen: Hier ließen sich Grafen und Herzöge vom untertänigen Volk Huldigungen entgegenbringen, Aufwiegler forderten es zum Ungehorsam, Prediger zur Besinnung und Fasnetsnarren zur Tollheit auf. Zuweilen gibt es hier prominente Gäste. Daneben erinnert Diligentia an den Fleiß der Bürgerschaft, Minerva an Kunst und Wissenschaft und Justitia an die Gerechtig-

Das restaurierte Rathaus 1877 (Holzstich von Theuerkauf)

keit. Die Letztere hat übrigens vergessen, die Augenbinde aufzusetzen und wurde so eines Tages zur Zielscheibe protestierender Studenten. Auch das ist Tübinger Geschichte.

In den ersten Jahren seines Bestehens diente das Rathaus eher als Kaufhaus. Unter den Arkaden standen Fleisch- und Brotbänke, und wo sich heute der Gemeinderat hitzige Wortgefechte liefert, boten früher »ausländische« Tuchhändler und Gerber ihre Waren feil. In einem kleinen Stadtgefängnis, dem »Speckkämmerle«, wurden nächtliche Radau- und Zechbrüder eingesperrt, von denen die Tübinger Geschichte seit jeher einiges zu berichten weiß. Im zweiten Geschoß, zwischen den Gerichtsräumen, liegt der »Öhrn«, ein mit prächtigen Gerechtigkeitsfresken bemalter Raum.

Vom Marktplatz zum Holzmarkt

Die Tübinger Jugend hat die Treppen der Stiftskirche zur Tribüne umfunktioniert: Man beobachtet das vorbeieilende Volk, läßt sich von Gauklern unterhalten und lauscht Gitarren- oder Geigenklängen. In einem Brunnen, mitten in diesem Getümmel, wie auf einem Fels in der Brandung, tötet St. Georg seelenruhig seinen Drachen. Gegenüber erinnert nur noch ein Schild an Hermann Hesses Tübinger Jahre als Lehrling in der Buchhandlung Heckenhauer, und im Süden – wieder Bücher – das ehemalige Verlagshaus Cotta.

Im Osten schließt sich der Platz durch die Dependence des Zisterzienserklosters Bebenhausen, der mittelalterliche Pfleghof. Der Name trügt: Nicht Kranke und Gebrechliche wurden von den geistlichen Herren gepflegt, sondern der uralte Brauch, Abgaben aller Art einzutreiben.

Die Stiftskirche

Schon »die dritte Kirch uf dieser Hofstadt« ist die spätgotische Stiftskirche, an deren romanischen Vorgängerbauten nur noch einige Spolien erinnern: Reliefsteine mit Greif und Adler.

1470 begannen die Bauarbeiten an dem filigranen Chor. Und als 1478 Hans Augsteindreyer aus Wiesensteig und seine Steinmetzen noch am Langhaus arbeiteten, wurden im Chor bereits Messen und Vorlesungen abgehalten. Behäbig legt sich das riesige Dach über die Halle, der Zeit enthoben umstehen Heiligenstatuen die Chorstrebepfeiler, und doch erstaunlich nüchtern wirkt der gesamte Innenraum. Die Reformation hat das Innere gesäubert von zu prächtigem Bildwerk. Heiligenfiguren

und die Altäre der Seitenkapellen – sie lagen zwischen den nach innen gezogenen Strebepfeilern – wurden in einer Nacht- und-Nebel-Aktion ins katholische »Ausland« gebracht. Nur der Kreuzigungsaltar des Dürerschülers und Nördlinger Stadtmalers Hans Schäufelin entging der Wut der Bilderstürmer. Drei Patrone hat dieses Haus. Deren Figurenreliefs sind in den Fenstern dargestellt: Der erste, St. Georg, wurde von Maria, der Patronin der reichen Bebenhäuser Mönche, auf Platz zwei verdrängt. Als zur Universitätsgründung das Sindelfinger Chorherrenstift nach Tübingen zog, brachte es natürlich seinen Patron St. Martin mit und setzte ihn auf Platz eins. Fortan war es die Stiftskirche.

Stiftskirche

Ob die feingliedrige Kanzel ein Werk des berühmten Wiener Dombaumeisters Anton Pilgram ist, konnte wegen der fehlenden Nase des »Männles« noch nicht überzeugend nachgewiesen werden. Sicher dagegen ist, daß es sich bei den Reliefs des Korbes um Maria und die Kirchenväter Gregor, Augustinus, Ambrosius und Hieronymus handelt, denen die Evangelistensymbole zugeordnet sind. Die Wangen des Chorgestühls stammen vermutlich aus einer Ulmer Werkstatt und zeigen, vor allem Mose ist an seinen Hörnern leicht erkennbar, die Propheten des Alten Testaments.

Die kostbarsten Kunstwerke Tübingens aber liegen hinter der Chorschranke, dem Lettner. Treffsicher hat Goethe, zu Gast bei Verleger Cotta, die Chorscheiben zu würdigen gewußt: »Purpur in allen Tönen, des hellen und des dunklen, von größter Herrlichkeit.« Zwar »ungeschickt geflicket« und aus der ursprünglichen Ordnung gebracht, tauchen sie den Chor bei Sonnenschein in ein warmes Licht. Diese »gläsernen Bücher der Frömmigkeit« zeigen Stationen des Marienlebens und der Passionsgeschichte. Dazwischen selbstbewußt die Stifter. Die wichtigsten auf der mittleren Scheibe: Graf Eberhard mit seiner Frau Barbara von Mantua, einer Fürstentochter aus dem Geschlecht der Gonzaga. Die beiden hatten übrigens in ihren ersten Ehejahren enorme Sprachschwierigkeiten.

Nach der Reformation, und deshalb hat man in Tübingen den Lettner nicht abgerissen, richtete man im Chor eine Grablege ein. Hier liegen sie, die Großen des Hauses Württemberg: Eberhard, an dessen Grab

Kaiser Maximilian gerührt folgende Worte sprach: »Hier liegt ein Fürst, dem ich im ganzen Reich keinen zu vergleichen weiß.« Daneben sein temperamentvoller Nachfolger Ulrich, flankiert von den württembergischen Wappentieren. Ein Kleinod: Die Mutter Eberhards, Mechthild von der Pfalz, mit zartgliedrigen Händen in weich fallende Falten gehüllt – ein aus hartem Stein kunstvoll gehauenes Werk des Ulmer Meisters Hans Multscher. Die Reihe der Gräber setzt

Grablege in der Stiftskirche

sich fort bis zu den schon barock verschwenderisch sich heraushebenden Alabastersarkophagen der Dorothea Ursula und des Herzogs Ludwig. Sie stammen aus der Werkstatt Christoph Yelins und zeigen, wie auch das von ihm geschaffene Schloßportal, Früchteornament, Beschlag- und Rollwerk und ein fein ausgearbeitetes, kompliziertes Figurenprogramm. An der Chorwand erinnert eine Grabplatte an den Universitätsgründer Graf Eberhard: Sie zeigt das Symbol der Palme, das er seit seiner Pilgerfahrt ins Heilige Land erwählt hatte, und seinen Wahlspruch »Attempto«, »Ich wag's«. Der Chor der Tübinger Stiftskirche ist ein Zeugnis deutscher Grabmalskunst.

Über den Chor erreicht, wer nicht zu Schwindel neigt, den Turm. Tübingen aus der Vogelschau: ein Modell einer mittelalterlichen Stadt mit Plätzen, Gassen, Brücken und Straßenzügen, mit Kirchen, Kollegien und Kornspeichern. Auf dem Österberg die burgähnlichen Häuser der studentischen Verbindungen, im Norden die modernen Hochhäuser des naturwissenschaftlichen Zentrums auf der Morgenstelle, im Süden, am Horizont, die Schwäbische Alb. Hoch über den Dächern der Altstadt, im Philosophenweg, ein weiterer kultureller Anziehungspunkt Tübingens: die Kunsthalle, die unter der Leitung von Götz Adriani mit wechselnden Ausstellungen bedeutender Künstler immer wieder weltweit Aufsehen erregt. Zehntausende pilgerten zu Picasso, Cézanne, Degas, Toulouse-Lautrec, Max Ernst und Paul Klee.

Blick vom Turm der Stiftskirche über die Stadt

Das also ist Tübingen. Eine alte Stadt. Eine Stadt, die aber trotz alter Mauern nicht zum Museum geworden ist. Eine lebendige Stadt. Eine Stadt, in der das Neue vom Alten und das Alte durch das Neue lebt, und das alles macht sie unverwechselbar. Über die Neckargasse erreichen wir den Ausgangspunkt unseres bisherigen Stadt- und Geschichtsrundgangs, die Neckarfront.

Bedeutende Ausstellungen der Kunsthalle Tübingen in den letzten Jahren

Heinrich R. Lang

Tübingens Wirtschaft im Wandel der Zeit

Wendet man sich bei einem Tübingen-Rundgang nun von der Neckarfront-Schokoladenseite ab, um andere Bereiche Tübingens kennenzulernen, wird die Geschichte der vergangenen 150 Jahre lebendig.

Zunächst auf der linken Seite des Neckars der Hang des Österberges, an dessen Fuß, genau gegenüber der Neckargasse, durch die wir gerade gekommen sind, bis 1944 Ludwig Uhlands Wohnhaus stand. Der Volltreffer einer Luftmine setzte dieser Pilgerstätte ein Ende. Geblieben sind die in der Nachkriegszeit üblichen Flachdachprovisorien, die aber in Kürze der Postmoderne weichen sollen, die auch das anschließende Haus der Verbindung »Germania« zumindest architektonisch verschwinden lassen wird.

Geht der aufmerksame Blick den steilen Österberghang hinauf und läßt er sich nicht völlig von den stolz-trutzig, aber allemal sehenswerten Verbindungshäusern der etwa 30 Tübinger Studentenverbindungen, die man noch als solche bezeichnen darf, ablenken, bemerkt man die aufgelassenen, aber dennoch dominanten Weinbergterrassen mit ihren Kleinstparzellen und kunstvoll aufgeführten Mäuerchen.

Schwabenhaus (heute Sitz der Volkshochschule), dahinter Verbindungshäuser

Vom Wengerter zum Pedell

Die einst so zahlreichen Wengerter und damit auch zu einem Großteil die Gôgen sind zwischenzeitlich fast verschwunden. Geschmacksänderungen, die Reblaus und schließlich der Eisenbahnanschluß, der billige »Import«-Weine in die Stadt brachte, beendeten die Dominanz des Weinbaus der Unterstädter. Der vorübergehende ersatzweise Anbau von Hopfen konnte hier keine Abhilfe schaffen. Nur noch ein Tübinger ist heute hauptberuflich Wengerter. Der Weinbau nimmt jedoch mit vielen Hobby-Wengertern und altem Fleiß in letzter Zeit wieder stark zu.

Der Gôgenwitz und die oftmals eigenwillige Art der Unterstadtbewohner ist zu einem Gutteil erhalten geblieben. Dies ist wohl dem Umstand zu verdanken, daß der niedergehende Weinbau in die Zeit der stark expandierenden Universität fiel und Dynastien von Universitätspedellen für die neuen Universitätsgebäude rekrutiert werden mußten, die im täglichen Umgang mit den Herren Professoren und den Herren Studenten schon zum Selbstschutz ihre Eigenart kultivieren mußten.

Wengert

Wirtschaftsfaktor Universität

Die Universität wurde also zum wichtigsten Wirtschaftsfaktor der Stadt. Sie war und ist aber nicht so wichtig, wie sie häufig gesehen wird und wie sie sich allzu häufig gerne selbst sieht. Mit über 8000 Beschäftigten, Klinikpersonal und Teilzeitbeschäftigten eingeschlossen, stellt sie heute zwar den größten »Betrieb« dar, bei rund 33 000 Arbeitsplätzen in der Stadt kann aber noch nicht von einer beherrschenden Stellung der Universität auf dem Arbeitsmarkt gesprochen werden. Allenfalls in Verbindung mit den zentralen Behörden, wie Regierungspräsidium, Landratsamt, Gerichte, Landespolizeidirektion, Landesdenkmalamt usw., kann von einer Vormachtstellung des öffentlichen Dienstes gesprochen werden. Aber auch Industrie und Gewerbe halten keine Schlüsselstellung in der Wirtschaft der Stadt.

Südlich des Neckars bis zur Bahnlinie mit Blick auf die Neckarfront wäre zur Gründerzeit eigentlich der Platz für Industrieansiedlungen gewesen. Aber statt eines Industrieparkes legte man sich in Tübingen, dort, in dieser Neckarvorstadt, eine Grünanlage und vornehme Straßenzüge zu. Dabei war alles so günstig gewesen! Drei Fernstraßen, die heutigen B 27, B 28 und B 297 schneiden sich hier, und die Bahn war schließlich schon da mit ihren Verbindungen nach Westen, Süden und nach Stuttgart.

Bücher und Computer

Aber wie ein bekannter Geograph zu Tübingen bemerkte: »Universitätsstadt und nichts als Universitätsstadt zu sein war wenigstens früher ihr Ehrgeiz«. Dies ist eigentlich heute noch so. Trotz oder gerade wegen der Universität ist Tübingen aber auch eine Industriestadt geworden. Keine mit großen Betrieben und hohen Beschäftigungszahlen, aber fein, innovativ und manchmal hinter schwäbischem Understatement verborgen. Rund um die Universität und aus der Universität entwickelte und entwickelt sich noch heute so manches, blieb aber auch so vieles in den Anfängen stecken. Eine geniale mechanische Rechenmaschine etwa, die Professor Wilhelm Schickard mitten im Dreißigjährigen Krieg in Tübingen entwickelte. Erst in jüngster Zeit wurde sie nachgebaut, und sie funktioniert – in den Städtischen Sammlungen im Theodor-Haering-Haus. Das hätte der mechanische Beginn einer »Silicon-Valley-Entwicklung am Neckar« sein können. An ihr nahm Tübingen dann erst später, aber

Neue Aula

intensiv teil. So sind heute führende Softwarehersteller und EDV-Schulungseinrichtungen mit großer Personalintensität am Ort tätig, und das Personal kommt natürlich überwiegend aus der Tübinger Universität. Dies ist auch bei zahlreichen nicht-universitären oder Industrieforschungseinrichtungen der Fall, die sich, den lokalen Arbeitsmarkt zunutze machend, hier angesiedelt haben. Die Medizintechnik, ein weiterer Schwerpunkt des Tübinger Gewerbes, entstand natürlich ebenfalls aufgrund der Erfordernisse der Universität zu Beginn des letzten Jahrhunderts. Und in neuester Zeit trat hier noch die Umwelttechnik hinzu.

Früher schon entwickelte sich – wie in fast allen Universitätsstädten – die Verlagsindustrie mit den dazugehörigen Druckereien und sonstigen Verarbeitungsbetrieben. Goethe und Schiller fanden in Tübingen mit Johann Friedrich Cotta ihren Verleger. Doch neben anderen klangvollen Verlagsnamen wie J. C. B. Mohr (Paul Siebeck) oder Max Niemeyer existieren zahlreiche andere Verlage, die zu einem großen Teil mit und aus der Universität leben. Von großer Bedeutung sind in diesem Zusammenhang ebenfalls die vielen großen und kleinen Buchhandlungen und Antiquariate, die nicht nur Tübingen und Umgebung, sondern auch Kunden in aller Welt mit Literatur versorgen. In diesem universitären Umfeld konnten auch so ausgefallene industrielle Bereiche wie z. B. die Musikinstrumenteproduktion Fuß fassen und sich blühend halten.

Mittelalterliche Giebel am Marktplatz

Maschinen und Textilien. Lädele und Boutiquen

Die bisherige Aufzählung von Industriesparten und -betrieben erklärt, warum in Tübingen kaum ausgedehnte Industriegebiete oder alte Industrieanlagen zu finden sind. Es gibt sie aber auch, die alten, großen, flächenfressenden Betriebe, doch sind sie in Tübingen in alle Himmelsrichtungen verstreute Einzelobjekte. Das Chemiewerk, der Waschgerätehersteller, der Kochtopfhersteller, das Motoren- und Getriebewerk und für das ganze Ländle typisch: die Maschinenbauer und Werkzeugmaschinenhersteller. Aber selbstverständlich finden sich auch – die Schwäbische Alb ist nicht fern – die Textilfabriken, wobei in Tübingen besonders auf die Frottierweberei, die Produktion von Kinder- und Jugendmoden, Nacht- und Unterwäsche (alle mit Fabrikeinkaufsmöglichkeiten) hingewiesen werden muß. Diese Firmen stellen, im Stadtbild kaum wahrnehmbar, immerhin rund 11 000 Arbeitsplätze zur Verfügung, was aber nach Meinung derjenigen, die für die Stadtfinanzen zuständig sind, noch zu wenig ist. Deshalb wurden im Süden und im Westen der Stadt weitere Gewerbeflächen ausgewiesen, die aber im Vergleich zu den Gewerbeflächen in den Nachbarorten wohl eher als winzig zu bezeichnen sind und damit den alten Verdacht bestärken, man wolle sich doch eher auf die Universität und die zentralen Behörden beschränken. Da deren Mitarbeiter relativ sichere und konjunkturunabhängige Arbeitsplätze innehaben, konnte sich Tübingen als vitaler Einzelhandelsstandort neben Reutlingen und dem nahen Stuttgart gut behaupten. Einzelhandel, Lädele, Boutiquen und Kaufhäuser häufen sich namentlich im Altstadtbereich, wo mit der weitläufigen historischen Kulisse ein besonderes, unverwechselbares Einkaufserlebnis entsteht, das sich allerdings durch einige gängelnde kommunale Altstadtregelungen oft auf wenige Quadratmeter und nur auf die ersten beiden Stockwerke der Altstadthäuschen beschränkt. Dieser Raumnot hält der Einzelhandel gezwungenermaßen, aber mit einigem Erfolg besonders ausgesuchte Sortimente und Angebote entgegen.

Nicht ganz so eng geht es auf der anderen Seite des Neckars, auf die wir von unserem Standort am »Neckartor« hinüberblicken können, zu. Dort hat sich ein kleines Einkaufs-, Banken- und Gaststättenviertel mit Kaufhäusern entwickelt.

Studentenkneipen, Gôgenbeizen und Restaurants	Die Gastronomiekultur Tübingens verdient eine besondere Beleuchtung. Fast 25 000 Studenten haben hier deutliche Spuren bei Angebot und Preisen hinterlassen. Dennoch ist die Altstadt noch nicht zu einem einzigen, langen Tresen oder zu einer einzigen Bierschwemme verkommen. Vielmehr können sich dort noch gutbürgerliche Lokale und Gôgenbeizen halten. Um die Altstadt herum, in den Stadtteilen, finden sich darüber hinaus ganz ausgezeichnete bis exquisite Gaststätten und Restaurants, die von der durchaus wohlhabenden Bürgerschaft gut besucht werden, ja sogar Ausflugsziele für Tagesbesucher darstellen.

Es sollen recht viele Tagesbesucher sein – eine Million pro Jahr – hat das Geographische Institut der Universität ermittelt und mit dieser Arbeit auch gezeigt, wie eng

Stadt und Uni gelegentlich zusammenarbeiten können. Als schiere Minderheit nehmen sich da die Übernachtungsgäste aus. Es sind nur rund 100 000 pro Jahr, die die rund 900 Gästebetten der Tübinger Hotellerie mit etwa 200 000 Übernachtungen relativ gut auslasten. Verglichen mit Freiburg oder gar Heidelberg, den beiden anderen alten Universitätsstädten im Ländle, ist dies ziemlich bescheiden, aber im wirtschaftlichen Gesamtgeschehen Tübingens ist der Tourismus ein nicht unbedeutender Faktor. Auch hier zeigt sich das Alte-Junge, das Kleinstädtische-Weltstädtische der alten Universitätsstadt. Tübingens Gäste sind sehr jung. Der größte Übernachtungsbetrieb ist die Jugendherberge, gefolgt vom Campingplatz. Ein Drittel der Gäste in der Stadt sind Ausländer, die vorwiegend zu den jährlich etwa 100 Tagungen und Kongressen aus aller Welt anreisen. Seine Gäste gut zu betreuen ist Tübingen ein Anliegen geblieben. Das ist auch eine Aufgabe des Verkehrsvereins im kleinen Kupferhäusle direkt an der Neckarbrücke.

Was wäre aber Tübingen ohne das Umland, das in wirtschaftlicher, kultureller und touristischer Hinsicht so viel Ergänzung und Anregung bringt...

Wolfgang Schütz

Tübingens Umgebung – Schönbuch und Schwäbische Alb

Bebenhausen: Kloster und Schloß

Etwa 5 km nördlich von Tübingen, zu erreichen über die alte B 27 Richtung Stuttgart, liegt umgeben von bewaldeten Hängen Bebenhausen: die Perle des Schönbuchs, wie Eduard Mörike den Ort bezeichnete. Hier steht fast völlig unversehrt von Krieg und Zeit die am besten erhaltene mittelalterliche Klosteranlage Süddeutschlands. Der Name soll auf einen Einsiedler namens Bebo zurückgehen, der hier, am Zusammenfluß von Goldersbach und Seebach, lebte.

Im Jahr 1187 stiftete Pfalzgraf Rudolf I. von Tübingen das Kloster Bebenhausen.

Kloster Bebenhausen (F. Rothbarth, 1852)

Dorf und Klosteranlage Bebenhausen

Zunächst lebten Prämonstratenser Mönche hier; doch bereits drei Jahre später wurde das Kloster an den Zisterzienserorden übergeben. Ein strenger Orden, der Fleisch als Nahrungsmittel untersagte und seinen Mönchen ein Redeverbot auferlegte. Das Hauptgewicht ihres klösterlichen Lebens lag nicht bei wissenschaftlichen Studien, sondern bei der Landwirtschaft. Die Strenge des Ordens ist gleichfalls durch die bauliche Einteilung dokumentiert. Einen guten Überblick über die Gesamtanlage und einen Einblick in die Bauweise der Zisterzienser erhält man durch ein im Kloster aufgestelltes Modell. Der Ostteil der Anlage war den Mönchen vorbehalten, während der Westteil den Laienbrüdern (Konversen) zur Verfügung stand. Die Trennung wurde auch in der Kirche, einer romanischen Basilika, durchgehalten. So gab es getrennte Eingänge sowohl im Erdgeschoß als auch im Obergeschoß, in dem die Schlafsäle lagen.

Nach der Reformation wurde der Westteil der Kirche abgebrochen und die Steine, erkenntlich an den Steinmetzzeichen, fanden im Schloß Hohentübingen weitere Verwendung.

Im Anschluß an die Kirche befinden sich drei jeweils dreischiffige Hallen: der Kapitelsaal, mit kurzen, stämmigen Säulen, der den Mönchen als Versammlungs- und Besprechungsraum diente. Hier wurde die Abtwahl besprochen sowie Schenkungen an das Kloster bekanntgegeben. In seiner Mitte befindet sich eine eingelassene Platte, die Sculpa, auf der die Mönche vor ihren Mitbrüdern ihre begangenen Verfehlungen

Dachreiter

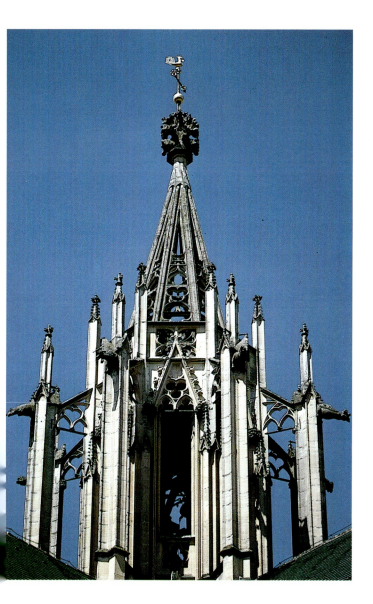

eingestehen und um Vergebung bitten mußten. Von hier aus gibt es einen Zugang zur Johanniskapelle, dem ältesten Teil der Anlage (um 1190). Vor dem Eingang ist die Stifterfamilie des Pfalzgrafen Rudolf beigesetzt. Gleichfalls fanden die Äbte hier ihre letzte Ruhestätte.

Das sich anschließende Parlatorium war der einzige Ort, an dem die strenge Schweigepflicht aufgehoben war und die Mönche und Laienbrüder zehn Minuten pro Tag reden durften, um die anfallenden Arbeiten zu besprechen. Die Bruderhalle mit ihren gedrungenen Säulen und eindrucksvollen Kapitellen diente den Mönchen als Arbeits- und Aufenthaltsraum. Die im spätromanischen Stil erbauten Hallen sind kurz nach der Weihe der Kirche 1228 entstanden.

1335 wurde im Südflügel von Abt Konrad von Lustnau das Sommerrefektorium errichtet, ursprünglich als einziger Speisesaal für die Mönche gedacht: ein zweischiffiger luftiger Saal, mit drei schlanken, achteckigen Säulen, die ohne Kapitell wie Palmbäume in ein Gewölbe übergehen, das mit Rankwerk und Vogelmotiven bemalt ist. Er stellt das schönste Zeugnis der Hochgotik in Bebenhausen dar. Ihm gegenüber liegt die Brunnenkapelle, die den Mönchen Sommer wie Winter als Waschraum diente.

Im westlichen Flügel befindet sich das Laienrefektorium, das den Laienbrüdern als Speiseraum diente. Wegen der abnehmenden Zahl der Laienbrüder wurde die ursprüngliche strenge Teilung aufgehoben und dort für Mönche (Ende des 15. Jahrhunderts) das Winterrefektorium eingerichtet. Die Holzdecke wurde um 1513 einge-

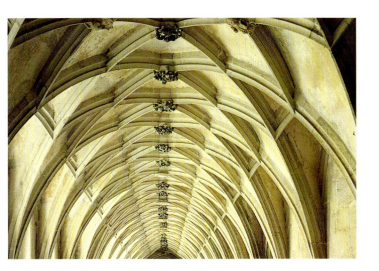

setzt, mit drei, aus jeweils einem Stamm geschnitzten, eichenen Säulen.

Die Ordensregel, die den Bau eines Kirchturms verbot, wurde von dem Laienbruder Georg von Salem genial umgangen. Er zeichnete für den Bau des zwischen 1407 und 1409 entstandenen Dachreiters verantwortlich, der auch heute noch mit seiner filigranen Form die Gesamtanlage beherrscht. Mittelpunkt des Klosters ist der, die einzelnen Räume miteinander verbindende, spätgotische Kreuzgang, der zweite an dieser Stelle, entstanden 1471–96.

Jeder der vier rechtwinklig zueinander stehenden Gänge besitzt ein anderes Netzgewölbe und andere Abschlußsteine. Hier wurden die Stifter beigesetzt. Ihre Gräber wurden mit Nummern versehen, nicht mit Namen. Im nördlichen Flügel, entlang der Kirche, verlief der Lesegang. Unter Vorsitz

Kreuzgang

des Abts, dessen Platz auf der steinernen Bank durch ein darüber angebrachtes Kruzifix markiert wurde, lasen die Mönche in der Heiligen Schrift.

Rechts neben der Tür zur Kirche sind die Längenmaße der Gräber Christi und Marias angebracht, die von Kreuzrittern mitgebracht worden waren.

Kurze Zeit nach Errichtung des Klosters führte der wirtschaftliche Aufschwung dazu, daß aus der Stifterfamilie Schuldner wurden und die Mönche von Pfalzgraf Gottfried Burg und Stadt Tübingen als Pfand erwarben.

Bereits ein Jahr später wurde der Kauf wieder rückgängig gemacht, was den Mönchen weitgehende Rechte bescherte. Etwa zur selben Zeit wurden in vielen umliegenden Städten (Tübingen, Stuttgart, Eßlingen, Reutlingen, Ulm, Weil der Stadt) Pfleghöfe errichtet.

1535 wurde im Zuge der Reformation das Kloster von Herzog Ulrich aufgelöst.

Ab 1556 diente Bebenhausen als evangelische Klosterschule, um für das kurz vorher evangelisch gewordene Württemberg Pfarrer auszubilden. Diese Schule wurde 1806 aufgelöst und nach Maulbronn verlegt.

Friedrich I. von Württemberg, der erste württembergische König, ließ das ehemalige Abtshaus zu einem Jagdschloß umbauen. Durch seinen Sohn Wilhelm I. wurde 1823 die Genehmigung zur Gründung des Dorfes Bebenhausen erteilt.

In den folgenden Jahren wurde es zum Mittelpunkt großer Jagden und Feste, in deren Verlauf fast der gesamte Wildbestand des Schönbuchs niedergeschossen wurde.

Daraufhin verlegte sich das jagdliche Interesse der hohen Herren auf andere Reviere. Mitte des 19. Jahrhunderts wurden umfangreiche Renovierungs- und Umbauarbeiten durchgeführt, denen es zu verdanken ist, daß uns auch heute noch Zeugnisse mittelalterlicher Baukunst erhalten geblieben sind. Nach der Revolution 1918 und der Abdankung des letzten württembergischen Königs Wilhelm II. lebte dieser bis zu seinem Tod 1921 in Bebenhausen.

Nach dem Tod seiner Gemahlin, Königin Charlotte, im Jahre 1946, zog der Landtag des Landes Württemberg-Hohenzollern in die Räumlichkeiten ein und tagte hier bis zum Zusammenschluß von Württemberg und Baden 1952.

Heute sind Kloster und Schloß der Öffentlichkeit zugänglich und im Rahmen von Führungen zu besichtigen, ebenso finden vielbeachtete Konzerte statt.

Der Schönbuch Das wohl wichtigste Naherholungsgebiet Tübingens liegt zwischen dem Ammertal im Süden, dem Aichtal im Norden, den Fildern im Osten und dem Herrenberger Gäu im Westen.

Über eine Fläche von rund 155 qkm erstreckt sich ein kaum besiedeltes Mischwaldgebiet, in dem sich die Bestände an Fichte und Kiefer mit Buche und Eiche die Waage halten.

Der Schönbuch bildet einen Teil des schwäbisch-fränkischen Schichtstufenlandes, dessen vielfältige Landschaft dem Erholungssuchenden auf zahlreichen Wanderwegen genügend Möglichkeiten bietet, sein Schönbuch-Erlebnis zu finden.

Ammertal und Wurmlinger Kapelle

Im Westen von Tübingen erstreckt sich das Ammertal. Hier kann man ausgedehnte Spaziergänge ebenso gut unternehmen wie kleinere Fahrradtouren mit der ganzen Familie. Gleich am Stadtrand liegt Schwärzloch, ein von mächtigen Linden umsäumtes Hofgut, dessen Ursprünge bis in alemannische Zeiten reichen sollen. Weiter talaufwärts trifft man auf den Ammerhof. Noch vor kurzem bestand die Absicht, auf dieser herzoglich-württembergischen Domäne einen Golfplatz entstehen zu lassen. Nichtsdestotrotz verbirgt sich hier ein Kleinod von kunsthistorischem Rang: die barocke Ammerhofkapelle, in der sich einst die Tübinger Katholiken trafen. Kein Geringerer als J.C. Bagnato trat hier als Baumeister auf. Die von J.A. Veeser ausgemalte Chorkuppel und die Stuckarbeiten des Wessobrunner Meisters F.X. Schmuzer sind sehenswert.

Südwestlich des Ammerhofs sieht man von weitem schon die hochgelegene Wurmlinger Kapelle, die von zahlreichen Dichtern wie Gustav Schwab, Nikolaus Lenau und Justinus Kerner besungen wurde. Am bekanntesten ist aber wohl das Gedicht Ludwig Uhlands:
»Droben stehet die Kapelle,
Schauet still ins Tal hinab,
Drunten singt bei Wies' und Quelle
Froh und hell der Hirtenknab'.«

Herbstlicher Schönbuch

Der mühevolle Aufstieg zur Kapelle wird durch einen herrlichen Ausblick auf das weite Umland belohnt. Die Kapelle selbst ist während des Dreißigjährigen Krieges abgebrannt und Ende des 17. Jahrhunderts neu aufgebaut worden.

Im Westen von Tübingen liegt das alte Weinbauerndorf Unterjesingen am Schönbuchrand. Beachtenswert ist hier das in der Alten Kelter untergebrachte ortsgeschichtliche Museum. Es vermittelt einen guten Einblick in die Wirtschaftsgeschichte des Raumes und befaßt sich besonders mit der Entwicklung des Weinbaus.

Einige hundert Meter westlich von Unterjesingen erreicht man das zur Gemeinde Ammerbuch gehörende Dorf Pfäffingen, wo vor noch nicht allzu langer Zeit die berühmten Maico-Motorräder gebaut worden sind. Doch das war einmal... Einen Besuch lohnt die barocke Dorfkirche. Sie ist ein Musterbeispiel altwürttembergischer Sakralbaukunst.

Oberhalb von Pfäffingen hat sich das Flüßchen Ammer tief in den Muschelkalk des Herrenberger Gäus eingegraben. An einigen Stellen haben die Talwände fast alpinen Charakter. Hier hinten versteckt sich der Ort Poltringen, der als Fasnetshochburg weit bekannt ist. Als gelungener Profanbau präsentiert sich das Poltringer Wasserschloß, das 1613 nach Vorlagen des großen württembergischen Baumeisters Heinrich Schickhardt errichtet worden ist.

Wurmlinger Kapelle

Die Burg Hohenzollern

Wer von Tübingen auf der B 27 südwärts fährt, sieht bald die Burg Hohenzollern auf einem bewaldeten, dem Albtrauf vorgelagerten Bergkegel. Die Feste, heute eine der bedeutendsten Sehenswürdigkeiten der Schwäbischen Alb, ist Stammsitz eines Grafengeschlechtes, aus dem die späteren Könige von Preußen und ab 1871 die deutschen Kaiser hervorgingen.

Ab 1850 haben die Herrscher Preußens auf den Fundamenten ihrer mittelalterlichen Stammburg eine vom Stil der Romantik geprägte Burg errichten lassen, für deren Architektur der Schinkel-Schüler F. A. Stüler sowie Oberst von Prittwitz verantwortlich zeichneten. In Anwesenheit von König Wilhelm I. von Preußen und Fürst Karl Anton von Hohenzollern-Sigmaringen wurde die neue Burg im Herbst des Jahres 1867 festlich eingeweiht.

Die Burg Hohenzollern beherbergt heute historisch bedeutsame Objekte, die den Werdegang des berühmten Adelsgeschlechtes und einige Stationen der Geschichte Preußens erhellen. In der Christuskapelle sind die Särge von König Friedrich Wilhelm I. und Friedrich dem Großen zu sehen. Die preußische Königskrone wird in der Schatzkammer aufbewahrt. Ferner sind hier Flöten Friedrichs des Großen sowie einige seiner Tabakdosen ausgestellt, darunter auch jene, die ihm in der Schlacht bei Kunersdorf das Leben gerettet hat.

Neben Preußens Glanz und Gloria findet man in der Zollernburg aber auch einige bedeutsame Kunstwerke. Dazu zählen insbesondere die Glasmalereien aus dem

13. Jahrhundert, die Steinreliefs aus dem 12. Jahrhundert sowie ein geschnitzter Heiliger Georg als Drachentöter aus dem 15. Jahrhundert in der Michaelskapelle. Auch einige Bildwerke sowie Gold- und Silberarbeiten aus dem 17. bis 19. Jahrhundert verdienen Beachtung.

Burg Hohenzollern

Die Nebelhöhle

Nordöstlich von Genkingen versteckt sich ein bedeutendes Naturwunder der Schwäbischen Alb in einem lichten Buchenwald: die Nebelhöhle, bekannt seit dem 15. Jahrhundert. Diese fast 400 m lange, im Weißjura verlaufende Tropfsteinhöhle ist eine der schönsten ihrer Art in Mitteleuropa. Wie ein unterirdisches Märchenreich bieten sich die einzelnen Hallen dar mit ihren überwältigenden und die Phantasie anregenden Tropfstein- bzw. Sinterbildungen. Steinerne Wasserfälle, Stalaktiten und Stalagmiten, die wie Orgelpfeifen aussehen, ein majestätisch wirkender Säulensaal und zwei geheimnisvolle Höhlenteiche haben schon zahllose Besucher in ihren Bann gezogen.

Im Jahre 1803 besichtigte der spätere württembergische König Friedrich I. die Höhle, denn er interessierte sich besonders für Kuriositäten der Natur. Ihm eiferten in der Folgezeit Landeskinder aus nah und fern nach. Alsbald entwickelte sich das »Nebelhöhlenfest«, das seither alljährlich zu Pfingsten veranstaltet wird.

In einem Nebengang der Nebelhöhle soll sich der im 16. Jahrhundert vertriebene württembergische Herzog Ulrich verborgen gehalten haben. Diese Sage hat Wilhelm Hauff literarisch verarbeitet. Er verhalf somit der Nebelhöhle zu noch mehr Popularität.

Wacholderheide auf der Schwäbischen Alb

Die Bärenhöhle

Wer von Genkingen aus weiter nach Süden wandert oder fährt, erreicht hinter Undingen eine bewaldete Bergkuppe, in der sich die meistbesuchteste Schauhöhle der Schwäbischen Alb verbirgt: die Bärenhöhle. Ihr vorderer Abschnitt ist im Jahre 1834 mehr oder weniger zufällig entdeckt worden. Man bezeichnete den Schlund als »Karlshöhle«. Großartige Tropfsteinbildungen einerseits, Reste inzwischen ausgestorbener Tierarten andererseits und Werkzeuge von Steinzeitmenschen riefen unterschiedlich motivierte Neugierde hervor. Binnen weniger Jahre waren die schönsten Tropfsteine abgeschlagen, und auch sonst hat man diesem Höhlenabschnitt schwer zugesetzt.

Erst 1949 fand der Erpfinger Höhlenführer Karl Bez die Fortsetzung der Karlshöhle, die eigentliche Bärenhöhle: Er folgte Fledermäusen, die in einer bestimmten Öffnung verschwanden. Was sich seinem Auge darbot, war überwältigend: schneeweiße Sinterbildungen, Stalaktiten und Stalagmiten. Und auf dem Höhlenboden die Überreste von zahlreichen Höhlenbären sowie anderen Säugetieren. Wissenschaftliche Untersuchungen zeigten, daß die heutige Bärenhöhle vor etwa 20 000–50 000 Jahren den großen Höhlenbären als Wurfplatz, Winterquartier und Sterbeplatz gedient hat. Die Erforschung der Sedimente auf dem Höhlenboden sowie Funde von Muschelschalen und Schneckengehäusen haben ergeben, daß die Bärenhöhle der Überrest einer ursprünglich viel längeren Flußhöhle ist, die in der Tertiärzeit trockengefallen ist.

In der Bärenhöhle

Schloß Lichtenstein

»Wie ein kolossaler Münsterturm steigt aus einem tiefen Albtal ein schöner Felsen, frei und kühn, empor. Weitab liegt alles feste Land, als hätte ihn ein Blitz von der Erde weggespalten, ein Erdbeben ihn losgetrennt, oder eine Wasserflut vor uralten Zeiten das weichere Erdreich ringsum von seinen festen Steinmassen abgespült. Selbst an der Seite von Südwest, wo er dem übrigen Gebirge sich nähert, klafft eine tiefe Spalte, hinlänglich weit, um auch den kühnsten Sprung einer Gemse unmöglich zu machen, doch nicht so breit, daß nicht die erfinderische Kunst des Menschen durch eine Brücke die getrennten Teile vereinigen konnte.

Wie das Nest eines Vogels auf die höchsten Wipfel einer Eiche oder auf die kühnsten Zinnen eines Turms gebaut, hing das Schlößchen auf dem Felsen...«

So beschreibt Wilhelm Hauff in seinem 1826 erschienenen historischen Roman »Lichtenstein« eine trutzige Bastion am felsbekränzten Schluß des Echaztales. Schloß Lichtenstein, heute wohl das Wahrzeichen der Schwäbischen Alb, ist jedoch erst 1840/41 auf Veranlassung des Grafen Wilhelm von Württemberg in der Nähe einer mittelalterlichen Burgruine errichtet worden. Baumeister dieses frei nach Wilhelm Hauff auf steilem Fels konstruierten Märchenschlosses war Carl Alexander von Heideloff, der hoch über der Echaz das Musterbeispiel der deutschen Burgenromantik geschaffen hat. Doch nicht nur die

Schloß Lichtenstein

imposante Lage und die Architektur locken alljährlich Tausende von Besuchern an. Im Schloß ist eine bemerkenswerte Waffensammlung untergebracht. Daneben beherbergt es einige ausgezeichnete altdeutsche Bildwerke (u. a. »Anbetung der Heiligen Drei Könige« von J. Ratgeb aus dem 16. Jahrhundert), großartige Glasmalereien aus dem 15. und 16. Jahrhundert sowie erlesenes altdeutsches Mobiliar.

Blick auf Mähringen und auf die Schwäbische Alb mit dem Roßberg

Inhalt

Walter Springer
Tübingen – Geschichte und Geschichten 5

Chronologisches 9 – Hölderlin 12 – »Die Hohe Schul« 13 – Von Burse und Burschen 15 – »Plenus venter, non studet libenter« 17 – Schwäbischer Olymp und württembergische Pfarrerschmiede: das Evangelische Stift 21 – »Alles bucklig, bergig, krumm« 23 – Apropos Gôgen 24 – Das untere Schloßportal 24 – Das Schloß Hohentübingen 28 – Die Mannen des Tubo 30 – Von Wengert, Wein und wilden Festen 31 – Mittelpunkt der Stadt: Marktplatz und Rathaus 36 – Vom Marktplatz zum Holzmarkt 46 – Die Stiftskirche 46

Heinrich R. Lang
Tübingens Wirtschaft im Wandel der Zeit 54

Vom Wengerter zum Pedell 56 – Wirtschaftsfaktor Universität 58 – Bücher und Computer 59 – Maschinen und Textilien. Lädele und Boutiquen 62 – Studentenkneipen, Gôgenbeizen und Restaurants 63

Wolfgang Schütz
Tübingens Umgebung – Schönbuch und Schwäbische Alb 65

Bebenhausen: Kloster und Schloß 65 – Der Schönbuch 73 – Ammertal und Wurmlinger Kapelle 75 – Die Burg Hohenzollern 78 – Die Nebelhöhle 80 – Die Bärenhöhle 82 – Schloß Lichtenstein 84

Redaktion: Herbert Hartmann, Tübingen

Bildnachweis:
Titelbild: Schloß Hohentübingen 1642 (Ausschnitt), Kupferstich nach Merian um 1840.
Karten auf Vorsatz: Polis GmbH, Ludwigsburg.
Seite 1: Bürgermeisteramt Tübingen; 2/3, 4/5, 6, 7 (Purrmann), 8/9 (Schmid), 10 (Grohe), 11, 12, 14, 16, 19 (Kupferstich von Neyffer-Ditzinger), 20, 22, 23, 25 (Kleinfeld), 26/27 (Bicheler), 31, 32 (Fauser), 33 (Kleinfeld), 35 (Beutter), 36 (Schmid), 39 oben (Grohe), 39 unten, 40/41 (Schmid), 43 (Werner), 44, 45, 47, 49, 51 (Schmid), 53, 55 (Schmid), 57, 59, 65, 66/67 (Stuttgarter Luftbild Elsässer GmbH, Stuttgart), 69, 71, 74 (Schmid), 77, 79 (Hehl) freigegeben vom Regierungspräsidium Stuttgart Nr. B31960, 81 (Grohe), 83, 85, 86 (Grohe): Verkehrsverein Tübingen; 61 (Sigl).

2. Auflage 1995
© 1989 by Friedrich Bahn Verlag GmbH, Neukirchen-Vluyn
Umschlaggestaltung: Erich Hofmann, Konstanz
Satz: Hissek Satz & EDV, Konstanz
Reproduktionen: Gerhard Magerl, Konstanz
Druck und Bindearbeiten:
Jacob Druck GmbH, Konstanz
ISBN 3-7621-8002-4
Printed in Germany